de coração

desejo que você seja muito feliz!

100 atitudes
para ser feliz

LUIZ ALEXANDRE SOLANO ROSSI

Paulinas

1

A felicidade depende
tanto dos nossos sonhos
quanto da maneira
como conduzimos nosso dia a dia.

Olhar para dentro de nós mesmos significa
apostar em potencialidades adormecidas
que estão prestes a emergir,
alterando o rumo da nossa vida.

Viver com alegria e bom humor
contagia todos que nos cercam.

Há realidades
que não enxergamos a olho nu.
É preciso exercitar a sensibilidade
para percebê-las.

O poder de mudar
aquilo que pode ser mudado
é uma decisão pessoal
e intransferível.

A arte da amizade
nos torna mais humanos.

Respeitamos a nós mesmos
quando consideramos
a diferença no outro.

8

Não precisamos
fugir dos problemas,
mas modificar a maneira
de nos relacionarmos com eles.

Entre a tristeza do desapontamento
e a ansiedade da tão almejada vitória
está o risco da fé,
que abre os nossos olhos para novas
e surpreendentes perspectivas.

10

Dez palavras agradáveis
não desfazem o efeito
de uma que tenha machucado
o coração de uma pessoa querida.

"

O melhor passo
é aquele que ainda iremos dar.

12

Há maior possibilidade de vitória
quando nos aproximamos de outras pessoas
e unimos força, coragem, habilidade,
motivação e experiência,
a fim de superarmos obstáculos
que nos pareciam intransponíveis.

Vencemos a prisão do passado
quando compreendemos
que em nosso coração
guardamos sementes de esperança.

14

Quando tudo parece ir mal,
lembremo-nos de que
Deus é bom.

15

Todas as pessoas
têm características
que as tornam especiais.

16

Amigos são
absolutamente necessários
para a formação
de seres humanos sadios.

17

Ouça a voz do seu coração
quando lhe diz que você é
uma pessoa especial.

18

Para ter sucesso na vida
é preciso ter objetivos.

19

Otimismo é um dos
melhores remédios
para a alma.

20

Pessoas sonhadoras
que creem firmemente
conseguem
aquilo que desejam.

21

Felicidade e graça
vão me acompanhar
todos os dias da minha vida
e vou morar na casa do Senhor
por muitíssimos anos.
(Sl 23,6)

Cada dia traz
uma possibilidade nova
de aprendizado.
E esse aprendizado irá firmar
nossos passos em direção
à conquista do amanhã.

A cada passo que damos
em direção a Deus,
ele dá dois passos
para dentro de nosso coração.

24

A solidariedade reconstrói
os laços de fraternidade e de esperança.

25

Carregamos a vida dentro de nós
e, por isso, não somos
um acidente de percurso.
Somos a vida em toda a sua plenitude.

26

Haverá sempre um lugar
para plantarmos
mais uma flor.

27

Almeje algo muito bom
e persista até conseguir alcançá-lo.

28

Faça sempre aos outros
aquilo que gostaria
que fizessem a você.

29

A fé faz com que
levantemos os olhos
para avistar o que está
além dos contratempos.

A beleza da conquista
revela-se nos passos
de cada novo aprendizado.

31

Abra-se a novas experiências
e a novos diálogos.

32

Os sonhos podem mudar
a vida do sonhador.

33

É melhor assumirmos
o risco da fé do que permanecermos
na prisão do descontentamento.

34

Reencante sua vida
dando novo vigor
a seus relacionamentos.

35

Deposite seus momentos felizes
na conta bancária
de suas memórias.

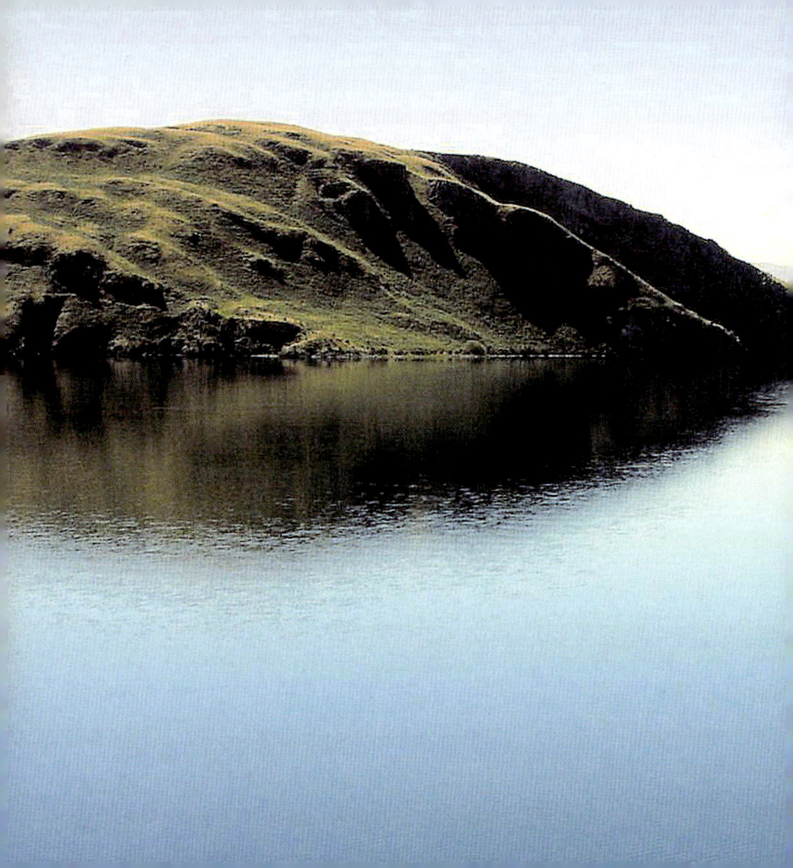

36

Elogie sempre.
Que saiam de seus lábios
somente palavras que despertem
a beleza da alma das pessoas.

37

Não tema caminhos novos,
eles são mais desafiadores,
mas levam aonde
nenhum outro levaria.

38

Passamos boa parte da vida
tentando encontrar
o lugar ideal para florescermos
e muitas vezes não percebemos
que esse lugar é exatamente
onde estamos.

39

Todos desejam ser vitoriosos,
mas poucos compreendem
que vencer significa acreditar
mais em si mesmo
do que nos obstáculos.

40

O segredo da vitória
está no interior de cada um de nós,
e não naquilo que nos cerca.

41

A visão positiva do futuro
permite abrir e trilhar espaços
jamais imaginados.

42

Quanto mais partilhamos,
mais nos completamos.

43

Valorize as oportunidades
e as experiências bem-sucedidas
que já teve.

44

Somente quem tem
coragem de semear
pode, de fato, colher os frutos
que estão por nascer.

45

Quem é você?
A resposta para essa pergunta
está no modo como olha
para os outros e para si mesmo.

46

A felicidade reclama
a presença do outro.

47

Disse não ao sofrimento
quando aprendi a sorrir
para a vida.

48

Quanto mais flores semearmos,
mais sentiremos a presença
do seu aroma em nossas vidas.

49

Almejar a felicidade também supõe
a responsabilidade de procurar viver
de uma nova maneira.

50

É nos acontecimentos
mais difíceis da vida
que encontramos
os melhores terrenos
para semear sementes
de êxito e superação.

51

Os olhos voltados para o futuro
nos colocam em marcha triunfal.

52

A angústia prende
nossa garganta e nos sufoca.
A esperança, por sua vez,
nos faz respirar livremente.

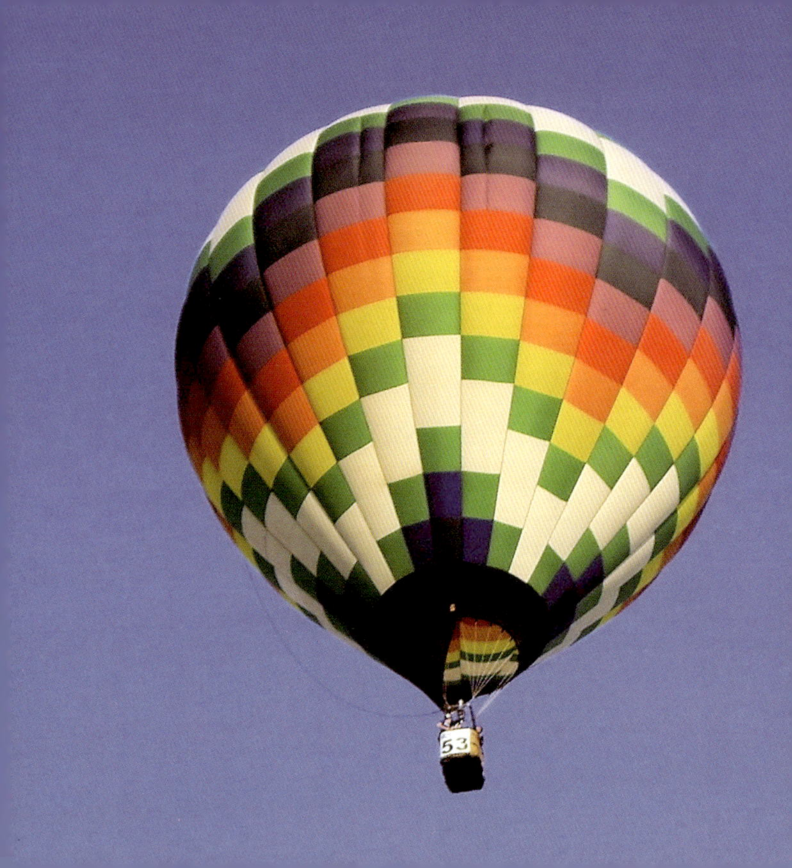
53

53

Faz bem para a alma sorrir
mesmo em meio
às contradições da vida.

54

A companhia de um amigo
nos liberta e traz alívio
para a maioria dos nossos medos.

55

Pensar positivamente
nos leva a reconhecer
que temos potencialidades,
apesar dos nossos limites.

56

Felicidade é estar perto de Deus,
meu refúgio, minha esperança.
(cf. Sl 73,28)

57

O elogio desperta bons sentimentos
nas pessoas a nossa volta.

58

Toda crise possibilita
o recurso da imaginação criativa.

59

Todo labirinto
exige uma saída,
e é buscando-a
que descobrimos
nossa coragem.

60

Confiança e autoestima
nos fazem capazes de enfrentar
qualquer obstáculo.

61

Ter domínio de si mesmo
também é motivo de alegria
e satisfação.

62

Todo caminho percorrido
com amigos se torna
surpreendentemente melhor.

63

Quem espera no Senhor, é feliz.

64

Pense antes de agir.

65

Quem conserva a prudência
encontra a felicidade.

66

Há um universo
em cada um de nós
à espera de ser explorado.

67

A melhor resolução
é a que nos leva a olhar para nós mesmos
como alguém a caminho.

68

Quanto mais determinados formos,
melhores serão os passos
em direção à conquista
de uma vida vitoriosa.

69

A nossa fé
melhora não somente
a nossa saúde,
mas também a capacidade
de percebermos a realidade.

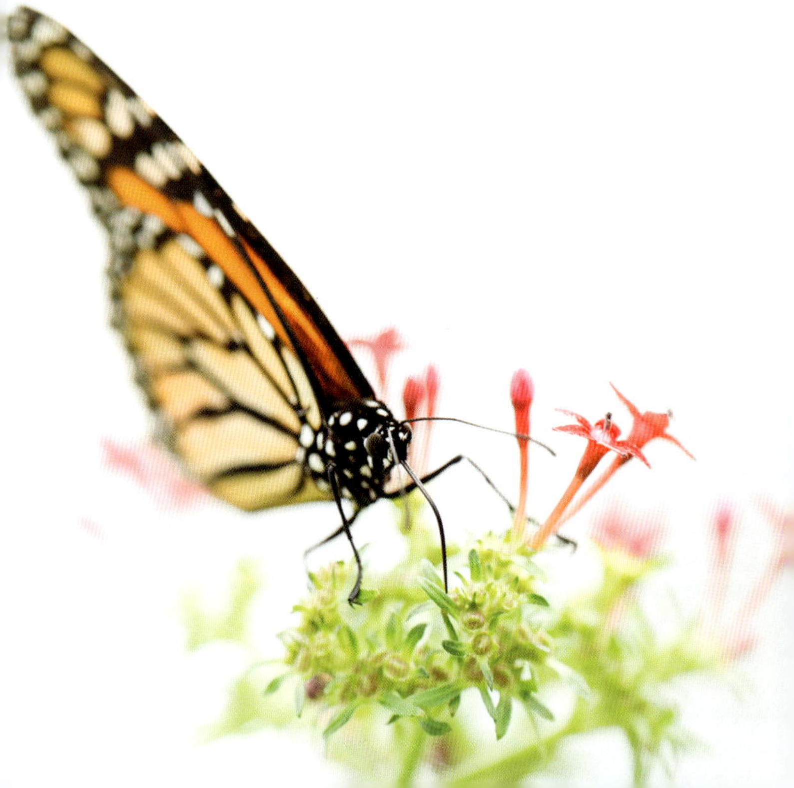

70

Felicidade também é dar o melhor de si
e procurar alcançar a excelência em algo.

71

Quando buscamos o contato
com outras pessoas,
saímos de nós mesmos
e nos abrimos ao outro.

72

Descubra seu potencial,
você é muito melhor
do que imagina.

73

Esteja atento e desvie
das ciladas da vida.

74

São inteligentes
aqueles que optam por parar
e repensar a vida,
em vez de caminhar sem saber
para onde ir.

75

A felicidade intensifica-se
a partir do momento em que assumimos
uma atitude de bondade
e gentileza com as pessoas.

76

A maneira como vemos a realidade
tem o poder de definir
o que somos e o que seremos.

77

Semeie coisas boas
na vida daqueles
a quem você ama.

78

Para cada comportamento
individualista, competitivo
e excludente que testemunhamos,
devemos assumir atitudes positivas,
conciliadoras e solidárias.

79

Treinar o olhar pode fazer
toda a diferença entre o que somos
e o que estamos destinados a ser.

80

Doe-se em seus relacionamentos.

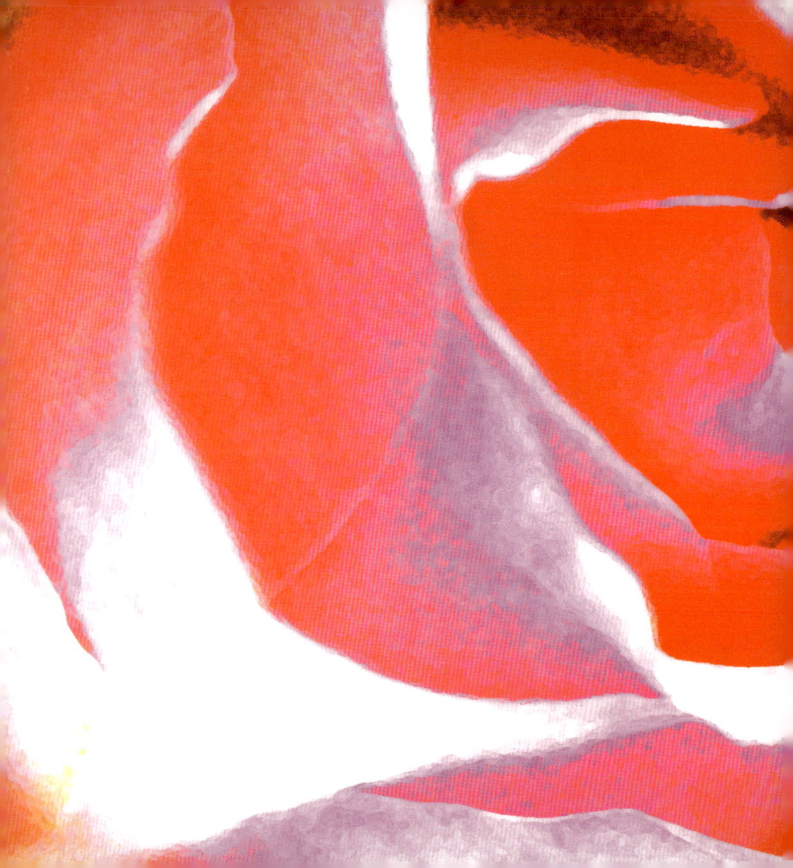

81

Cultive o amor.

82

A excelência em algo é alcançada
com tempo, perseverança e treino.
Ninguém chega ao topo
sem passar por eles.

83

As pessoas vitoriosas
são aquelas que continuam
a fazer, pensar e amar
quando todas as outras já desistiram.

84

Sábio é quem utiliza
as mais diversas ferramentas
para atingir seus objetivos.

85

Espaços em branco na vida
servem como um convite
a preenchê-los.

86

Toda mudança oxigena a vida
e nos permite olhar de forma diferente
para nós mesmos e para o mundo.

87

Use de criatividade
para dar novo ânimo à vida.

88

Emocione-se...
As emoções são contagiantes.

89

Saber ouvir é muito mais
do que escutar palavras,
é se deixar tocar por elas.

90

O que geramos
em nosso interior
se reflete nas nossas
relações coletivas.

91

Cada pessoa representa
uma nova aventura
repleta de possibilidades.

92

Diga sempre palavras agradáveis
às pessoas que convivem com você.

93

Construa amizades verdadeiras,
porque elas são indestrutíveis.

94

Feliz quem encontra sua alegria
na lei do Senhor
e nela medita dia e noite.
(Sl 1,2)

95

A arte de ser útil e viver generosamente
nos leva a perceber
que somos irmãos entre muitos irmãos.

96

Confie na sua capacidade
de resolver os problemas
e adaptar-se às novas situações.

97

Quando acreditamos em nós mesmos,
conseguimos ver novas possibilidades
e vislumbrar novos caminhos.

98

Aceitar as diferenças facilita o dia a dia
e nos leva a dar firmes passos
em direção à plenitude do amor.

99

Corrija seu modo de pensar:
quando errar, admita
não ter agido de forma correta
e tente corrigir o erro.

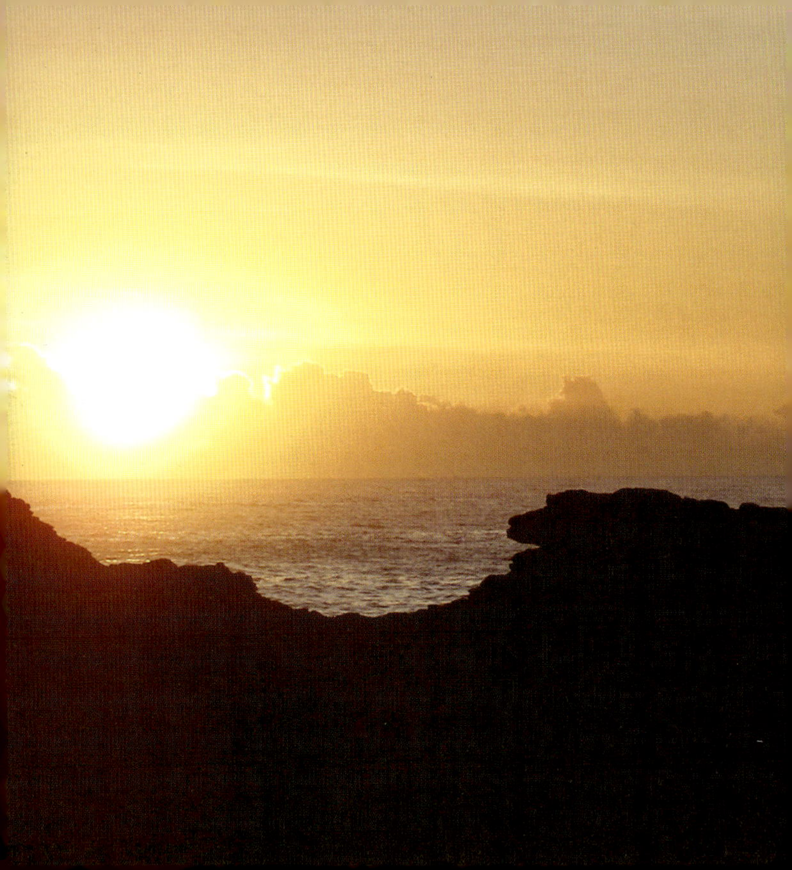